8° F Pièce
2969

AF330934

LES SOCIÉTÉS

DE

CAPITALISATION

PAR

G. SAINCTELETTE

AVOCAT

DIRECTEUR DU " RECUEIL PÉRIODIQUE DES ASSURANCES "

Extrait du *Recueil périodique des Assurances*

PARIS
LIBRAIRIE
de la Société du Recueil général des Lois et Arrêts et du Journal du Palais
(ANCIENNE MAISON LAROSE ET FORCEL)
22, RUE SOUFFLOT, 22
L. LAROSE, Directeur de la Librairie.

LES SOCIÉTÉS

DE

CAPITALISATION

PAR

G. SAINCTELETTE

AVOCAT

DIRECTEUR DU " RECUEIL PÉRIODIQUE DES ASSURANCES "

Extrait du Recuel périodique des Assurances

PARIS

LIBRAIRIE

de la Société du Recueil-général des Lois et Arrêts et du Journal du Palais

(ANCIENNE MAISON LAROSE ET FORCEL)

22, RUE SOUFFLOT, 22

L. LAROSE, Directeur de la Librairie.

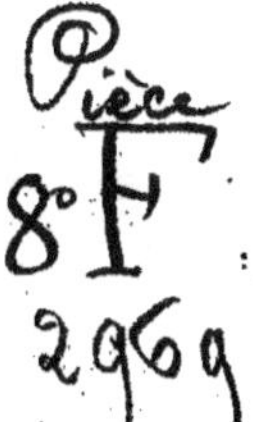
Pièce
8° F
2969

LES SOCIÉTÉS DE CAPITALISATION

Il existe actuellement en France de nombreuses sociétés dites de capitalisation qui ont pour objet de constituer à leurs adhérents, moyennant de faibles versements, des capitaux relativement importants à des échéances éloignées.

Parmi ces sociétés, il en est qui se sont constituées en sociétés anonymes par actions, d'autres se sont placées sous le régime du décret du 22 janvier 1868 et se qualifient de sociétés d'assurances mutuelles pour la constitution des capitaux (1).

---

(1) Voici dans quels termes s'exprimait M. Labbé, au sujet des sociétés de capitalisation, à propos de l'*Assurance Financière* : « Cette affaire, disait-il, offre un exemple de combinaisons financières d'une invention récente, qui, à notre époque se multiplient et ont pour but l'emploi de la puissance de l'intérêt composé, pour la reconstitution des capitaux dépensés ou perdus ; nous en décrirons l'économie en quelques mots.

Le capital confère à l'homme qui le possède un avantage immense pour la simplification de l'effort et de la peine dans le travail, ou pour l'affranchissement du travail intellectuel. La formation des capitaux par l'épargne est donc un fait très utile à l'individu et à la société.

D'un autre côté, le capital argent n'étant utile que lorsqu'il est dépensé, est exposé à une multitude de causes de déperdition.

De ces deux considérations est née la pensée que chaque fois qu'un capital est dépensé et mis en risques, il serait sage de pourvoir à sa reconstitution future.

C'est ainsi que, dans beaucoup de sociétés par actions, l'un des premiers

A diverses reprises les tribunaux ont été amenés à s'occuper de ces sociétés. On n'a pas oublié les importants procès auxquels a donné lieu la liquidation de *L'Assurance Financière*, et tout récemment encore les tribunaux de Lyon ont prononcé la nullité de plusieurs de ces sociétés qui, avec des fortunes diverses, avaient tenté l'exploitation de cette industrie.

Ces procès ont jeté une vive émotion parmi les sociétés de capitalisation qui, constituées presque toutes sur les mêmes bases, se sentent également menacées dans leur existence.

Constatons tout d'abord que ces Sociétés, malgré la qualification qu'elles se donnent, ne constituent pas en réalité des sociétés d'assurances.

---

emplois des bénéfices réalisés est l'amortissement du capital versé par les actionnaires.

: C'est ainsi que des États politiques habilement gouvernés, lorsqu'ils empruntent, ont la sagesse de créer, sur leurs ressources annuelles, un fonds d'amortissement. Si l'amortissement cesse, c'est un signe de détresse. On entre alors dans la voie des emprunts en progression indéfinie, sans aucune perspective de libération.

Dans des cas semblables, le capital fournit lui-même, par l'utilité productive de son placement, les éléments principaux de sa reconstitution. L'anatocisme n'y a qu'une part secondaire.

. . . .

Pour faire sortir par l'anatocisme, 100 fr. de 3 fr. 50 c., il faut, en supposant un placement à 5 0/0, et un revenu annuellement capitalisé, à peu près 70 ans. Il faut beaucoup plus longtemps, si l'intérêt est à 4 0/0, alors même que la capitalisation serait semestrielle.

C'est bien long; un particulier fait bien peu d'opérations à si longue échéance; c'est travailler pour ses enfants plutôt que pour soi. On a imaginé d'établir une sorte de mutualité entre les participants, d'y introduire le tirage au sort, d'échelonner de un à quatre-vingt-dix-neuf ans une restitution incertaine quant à l'époque pour chaque intéressé, mais miroitante, par l'effet du hasard de la date, de faire espérer une reconstitution de capital peut-être immédiate, peut-être différée, selon les chances d'un tirage au sort; on a compté sur l'attrait de la loterie, assainie, assagie par la certitude d'une économie réelle. » (M. Labbé, note sous Cass., Sirey, 1888, 1, p. 401.)

L'assurance suppose la garantie d'un risque ; or, dans ce genre d'affaires il n'y a pas de risque, et surtout, pas de risque garanti. La société, moyennant le versement d'une ou de plusieurs cotisations, s'oblige à verser un capital fixe à une échéance plus ou moins éloignée. Sans doute, la constitution de ce capital est subordonnée à la possibilité pour la société de capitaliser les intérêts des sommes qui lui sont confiées au taux sur lequel elle a établi ses tarifs, et cette éventualité constitue un risque pour l'adhérent ; mais ce risque est inhérent à la nature même de l'opération, la collectivité des associés le subit et, par conséquent, l'association réduite à ses seules ressources ne peut en garantir ses membres. Le seul risque couru n'est donc pas assuré. Il en est ainsi, tout au moins, pour les sociétés qui pratiquent la reconstitution des capitaux en mutualité.

La situation est un peu différente, lorsque la capitalisation est opérée par une société anonyme disposant d'un capital social qui lui permet de suppléer, au moyen de ses ressources propres, à l'insuffisance éventuelle du rendement de ses fonds placés, par suite de l'abaissement du taux de l'intérêt. Dans ce cas, la société qui a promis de payer à terme fixe un capital déterminé, prend à sa charge l'éventualité de l'abaissement de l'intérêt et l'insuffisance du rendement ; elle garantit au moyen de son capital social le risque qu'elle a ainsi assumé, et l'on peut dire que, dans une certaine mesure, elle fait œuvre d'assureur. Mais cette distinction n'a d'intérêt qu'à un point de vue purement spéculatif. En réalité, les sociétés anonymes, quelle que soit l'importance de leur capital social, seraient le plus souvent dans l'absolue impossibilité de combler l'énorme déficit que créerait dans leurs réserves l'insuffisance du rendement annuel.

Qu'il s'agisse de mutuelles ou de sociétés anonymes, la seule condition de solvabilité de ces sortes d'affaires, consiste donc uniquement dans la sage tarification des opérations et dans la prudente et habile gestion du fonds social.

La plupart des sociétés de capitalisation se sont d'ailleurs constituées en mutualité sans le concours d'aucun capital et presque toutes se déclarent régies par le décret du 22 janvier 1868 relatif aux assurances mutuelles.

Ici encore il y a une équivoque à dissiper.

Tout d'abord, de ce que les opérations de ces sociétés ne constituent pas des actes d'assurances, il en résulte qu'elles ne sont pas de droit astreintes au régime légal du décret de 1868; elles ont pu en adopter les règles à raison de certaines similitudes de fonctionnement, mais les dispositions de ce décret ne sont obligatoires pour elles que pour autant qu'elles les ont inscrites dans leurs statuts et qu'elles en ont fait ainsi la loi des parties. Les prescriptions du décret de 1868 ne leur sont pas autrement applicables et elles peuvent y déroger sans enfreindre la loi ni encourir aucune nullité. C'est ainsi qu'en matière de placements de fonds, ces sociétés ne sont nullement limitées par l'article 33 du décret précité. Elles peuvent, lorsque leurs statuts les y autorisent, acquérir des immeubles, faire des placements hypothécaires, acheter des actions et obligations non garanties par l'État; elles pourraient même engager leurs capitaux dans des entreprises commerciales ou industrielles, etc... Elles ne sont limitées en pareille matière que par les règles qu'elles se sont elles-mêmes tracées dans le pacte social.

Ces sociétés, nous l'avons dit, ont pour but de faire fructifier par la puissance des intérêts composés les petits capitaux qui leur sont confiés et, en cela, elles favorisent et développent dans le public l'esprit d'épargne; elles méritent donc d'être soutenues et encouragées, lorsqu'elles sont honnêtement et intelligement administrées.

On a souvent reproché à ces sociétés l'échéance excessivement lointaine de leurs opérations. Ce reproche n'est pas sans
fondement. Dans un grand nombre de combinaisons le capital
n'est payable qu'au bout de quatre-vingt-dix-neuf années. La
cause en est que la capitalisation ne produit de résultats appréciables qu'après un nombre considérable d'années. Ainsi,
une somme de dix francs placée à intérêts composés à 3 0/0
n'est doublée qu'à la vingt-quatrième année; en cinquante ans
elle est plus que quadruplée, et au bout de quatre-vingt-dix-
neuf années, elle atteint cent quatre-vingt-dix francs, c'est-à-
dire plus de dix-huit fois la somme mise en capitalisation.

Mais on comprend qu'une opération à échéance aussi lointaine n'intéresse que médiocrement le souscripteur, lequel ne
peut recueillir ni par lui-même, ni par ses enfants le produit
de son épargne; aussi les sociétés de capitalisation ont-elles
toutes introduit dans leurs diverses combinaisons le rembour.
sement anticipé par la voie du tirage au sort.

Or, ce sont ces tirages qui, aujourd'hui, paraissent mettre
en péril l'existence de ces sociétés. En effet, la loi du 21 mai
1836 interdit généralement toutes opérations offertes au public pour faire naître l'espérance d'un gain qui serait acquis
par la voie du sort.

La question de savoir si ces tirages tombent sous l'application de la loi de 1836 avait déjà été soulevée dans le procès de
L'Assurance Financière, mais la Cour de Cassation à laquelle
cette question était soumise n'a pu statuer, par ce motif que
le moyen était nouveau comme n'ayant pas été soumis aux
juges du fond.

Depuis cette époque la solution est restée indécise et, bien
que de nombreuses sociétés de capitalisation se soient constituées qui toutes prévoient le remboursement de leurs polices
par voie de tirage au sort, et bien que ces tirages aient toujours été effectués publiquement et avec la plus grande publi-

BIBLIOTHÈQUE NATIONALE · R. F. · IMPRIMÉS

cité, le Parquet n'a pris l'initiative d'aucune poursuite contre ces sociétés.

C'est qu'en effet pour procéder à leurs tirages, les sociétés de capitalisation s'autorisent d'un arrêt rendu par la Cour de Cassation, le 14 janvier 1876, lequel, interprétant la loi du 21 mai 1836, a décidé que cette loi n'interdit que les opérations où la voie du sort est la condition de l'acquisition du gain, et non celles où le gain étant déjà acquis, le sort ne doit que fixer le terme où il sera payé (1).

Or, la formule très nette et très précise adoptée par la Cour de Cassation dans cet arrêt paraît bien devoir s'appliquer aux remboursements anticipés par voie de tirage au sort tels que les ont organisés les sociétés de capitalisation. Chaque adhérent, en effet, contre versement de sa cotisation, reçoit une police libérée *lui donnant droit à une somme déterminée* payable à terme fixe, ou plus tôt si le numéro de la police sort au tirage. La somme stipulée au contrat est donc *acquise* au

---

(1) Dans cet important arrêt qui a servi de règle pour trancher les délicates questions soulevées journellement par l'application de la loi de 1836, la Cour suprême décide que « tout emprunt offert au public avec primes ou lots, pour faire naître l'espérance d'un gain qui sera acquis par la voie du sort rentre dans les prévisions de la troisième disposition de l'art. 3 de la loi de 1836; — que si des villes ou des Compagnies françaises ont été autorisées à faire des emprunts offrant au public des primes ou lots qui seraient acquis par la voie du sort, elles l'ont toujours été par des lois spéciales emportant dérogation à la loi générale; — que les emprunts de cette nature, lorsqu'ils n'ont pas été légalement autorisés ne sauraient être assimilés aux obligations émises pour les chemins de fer; — que les lots, dans le premier cas, ne sont acquis qu'à un certain nombre d'obligations dont les numéros sont désignés par le sort, tandis que, dans le second, la prime de remboursement est acquise, sans distinction, à tous les prêteurs, dès qu'ils ont versé le montant de leurs prêts, et que, pour ceux-ci, le sort n'intervient qu'à l'effet de déterminer l'époque du remboursement des obligations; — que les emprunts des chemins de fer ne peuvent, dès lors, être considérées comme assimilés aux loteries prohibées, parce que la loi n'interdit que les opérations où la voie du sort est la condition de l'acquisition du gain, et non celles où, le gain étant déjà acquis, le sort ne doit que fixer le terme où il sera payé. Cass. crim., 14 janv. 1876, (D. 76, 1, 185).

souscripteur par la remise du titre, et le tirage au sort n'intervient que pour avancer l'époque de l'exigibilité. Les caractères de la loterie prohibée ne se rencontrent pas dans cette opération par ce motif déterminant que le gain n'est pas dû au hasard d'un tirage au sort, puisque les porteurs de polices ou bons de capitalisation sont tous, sans exception, appelés à le réaliser. En d'autres termes, le tirage n'a pas pour objet de désigner ceux qui participeront au bénéfice promis et d'écarter ceux qui devront en être privés, mais uniquement de préciser l'époque où ce bénéfice sera recuilli.

C'est cependant à raison du caractère illicite attribué à ces tirages, que les tribunaux de Lyon ont, tout récemment, prononcé la nullité de trois sociétés de capitalisation et ont ordonné leur liquidation par des mandataires de justice (1). Pour en décider ainsi, le Tribunal déclare que les opérations auxquelles se livraient ces sociétés avaient pour but unique et principal d'offrir au public la chance d'un gain dépendant du hasard et ce, au bénéfice des uns et à l'exclusion des autres. Le Tribunal ajoute qu'il est impossible d'assimiler ces opérations à celles des emprunts où le capital est conservé, où les intérêts du capital nominal sont servis et où la chance d'un gain aléatoire ne constitue qu'un élément secondaire (2) ; qu'il

---

(1) V. le texte de ces décisions, *Rec. pér. des Ass.*, 1898, p. 565.

(2) Dans les sociétés de capitalisation, les adhérents ne reçoivent pas *annuellement* l'intérêt des sommes qu'ils ont versées à la société; le service des intérêts serait la négation même de l'opération, puisque c'est précisément sur la capitalisation de ces intérêts que celle-ci repose. — Le point de savoir, si l'intérêt est servi annuellement ou s'il est capitalisé par la société pour être payé à l'échéance sous forme de capital, est d'ailleurs indifférent pour la solution de la question qui nous occupe. En effet, la Cour de cassation, dans son arrêt du 14 janvier 1876, ne fait aucunement état de cette circonstance que les obligataires des compagnies de chemins de fer recevaient l'intérêt annuel de leurs fonds ; elle ne fait pas état non plus de l'importance plus ou moins grande de la prime de remboursement, la considération déterminante pour la Cour, celle qui est décisive dans les cas analogues, c'est que *la prime est acquise indistinctement à tous les prêteurs* et que le sort ne fait que fixer le terme du paiement.

s'agit dans l'espèce d'opérations où la voie du sort est la seule
condition de l'acquisition du gain et non d'opérations dans
lesquelles le gain étant déjà acquis, le sort ne fait que fixer le
terme où il sera payé.

En tant que décision d'espèce s'appliquant à des sociétés
notoirement au-dessous de leurs affaires, la solution adoptée
par le Tribunal ne soulèverait aucune critique, mais il en est
autrement lorsque l'on considère par quelles inductions le Tribunal établit que la loterie est « l'objet unique et principal de
ces sortes de Sociétés ».

Prenant pour base le taux de 3 0/0, qu'il qualifie de « taux
moyen » le Tribunal établit une série de calculs desquels il paraît résulter que la société sera dans l'impossibilité d'avoir
capitalisé au terme fixé la somme stipulée dans la police, et
il en conclut que l'opération ne profitera qu'aux sociétaires
qui favorisés par le sort auront été remboursés par anticipa-
tion, et ce, au détriment des autres qui, à l'échéance, ne rece-
vront rien ou presque rien.

Le vice de cette argumentation se découvre facilement.

Les tarifs des sociétés de capitalisation étant généralement
basés sur un taux d'intérêt de 4, 4 1/2 et 5 0/0, il est évident
qu'en se plaçant dans l'hypothèse d'un rendement de 3 0/0
seulement, la combinaison se trouve en défaut, et que l'on ob-
tient un résultat fort inférieur à celui qui ressort des tarifs de
ces sociétés. En effet, une somme de 10 francs capitalisée à
intérêts composés durant quatre-vingt-dix-neuf années produit au taux de 5 0/0 : 1.252 fr. 39 ; à 4 0/0 : 485 fr. 62 et à
3 0/0 : 186 fr. 58.

On voit par cet exemple que pour mettre complètement en
défaut les combinaisons d'une société de capitalisation, il
suffit de leur appliquer un taux de capitalisation inférieur au
taux qui leur a servi de base mathématique, et il ne faut pas

s'éloigner beaucoup de ce taux pour arriver sur le papier à
des mécomptes considérables.

C'est ce qu'a fait le Tribunal en fixant arbitrairement à 3 0/0
le « taux moyen » d'après lequel doivent se calculer toutes
les combinaisons de capitalisation. Or une pareille argumentation ne reposant que sur des hypothèses, ne saurait conduire
à aucune conclusion certaine ni juridique.

Lorsqu'une société a établi ses tarifs et tableaux de capitalisation sur la base d'un rendement déterminé, 4 0/0, par
exemple, deux conditions doivent nécessairement se trouver
réunies pour qu'elle soit en mesure de faire face, au terme con-
venu, au paiement des sommes fixées dans ses polices : d'abord
que sur les cotisations qui lui sont versées elle applique exac-
tement à la capitalisation la portion déterminée par son tarif,
et ensuite qu'elle retire de ses fonds placés un revenu annuel
d'au moins 4 0/0. Si ces deux conditions ont été observées les
valeurs actives de la société constituent une réserve équiva-
lant mathématiquement aux engagements sociaux et l'on ne
saurait sans faire acte du pire arbitraire, évaluer ses opérations sur la base d'un intérêt inférieur à celui qui a servi à
l'établissement de ses tarifs et *qu'elle retire réellement* de ses
fonds placés.

C'est en cela que le jugement du Tribunal de Lyon soulève
les plus graves critiques. Sans s'inquiéter des faits, sans véri-
fier si la société possède ou non des réserves suffisantes il
décide, *à priori*, que la société qui a basé ses opérations de
capitalisation sur un taux supérieur à 3 0/0 sera dans l'impossibilité de tenir ses engagements. Une pareille argumentation viole les principes les plus élémentaires du droit.

Est-ce à dire que les sociétés de capitalisation échappent
à tout contrôle et qu'il faille attendre l'époque fort lointaine
des premières échéances, pour constater si elles sont en état

d'exécuter leurs engagements? Point du tout. Il appartient aux tribunaux lorsqu'ils en sont requis, de s'assurer si ces sociétés constituent au jour le jour les réserves mathématiques qui forment la contre-partie et la garantie de leurs engagements. Une telle vérification est facile et s'opère chaque année pour chacune de nos Compagnies d'assurance sur la vie, *sur la base qui a servi à l'établissement de leurs tarifs.*

C'est ainsi que le Bureau Fédéral suisse, qui a une autorité incontestée en matière d'assurances, vérifie les réserves des compagnies suisses, françaises, anglaises, américaines, qui font des opérations dans la république helvétique ; il calcule les réserves de ces compagnies d'après les bases qui ont servi à l'établissement de leurs tarifs. Or ces bases sont très différentes, puisque ces diverses compagnies ne se servent pas des mêmes tables de mortalité et calculent à des taux d'intérêt différents, les unes à 3 0/0, d'autres à 3 1/2 0/0, d'autres encore à 4 0/0. Après avoir ainsi calculé les réserves, le Bureau Fédéral vérifie si le taux d'intérêt choisi s'accorde avec le revenu des fonds placés de chaque compagnie, et, s'il constate que cet accord est rompu, ou sur le point de se rompre, *mais dans ce cas seulement*, il retire l'autorisation que chaque compagnie est tenue d'obtenir pour avoir le droit de faire des opérations d'assurances sur la vie en Suisse.

C'est la même règle qu'il faut suivre pour apprécier si une société de capitalisation est en état d'exécuter, ou non, ses obligations. C'est sur la base de ses propres tarifs, tels qu'ils ont été adoptés par la collectivité des adhérents, que doivent se calculer ses réserves mathématiques, alors surtout, et nous insistons sur ce point, que l'intérêt qu'elle retire de ses fonds placés n'est pas inférieur au taux sur lequel sont basés ses tarifs de capitalisation.

Le Tribunal de Lyon a complètement méconnu ces principes en faisant à trois sociétés qui se trouvaient dans des situations financières toutes différentes l'application de la théorie arbitraire que nous venons de critiquer. L'une de ces sociétés dont la situation est des plus prospères offrait, notamment, de prouver que son actif social était considérablement supérieur à ses engagements et qu'elle retirait de ses fonds placés un intérêt dépassant 4 p. 100. Le Tribunal lui a néanmoins fait l'application de la théorie du « taux moyen » et, considérant que ses opérations ne devaient s'envisager que sous l'aspect d'une loterie prohibée, il l'a déclarée nulle comme ayant un objet illicite. On voit par cet exemple combien il est dangereux de s'écarter des règles du droit et à quel grave abus peuvent aboutir les décisions de justice, lorsqu'elles tendent à imposer comme des principes absolus, des données incertaines et arbitraires.

La décision du Tribunal de Lyon est également critiquable au point de vue de l'appréciation des faits, en ce qu'elle méconnaît complètement le mécanisme des remboursements anticipés tel qu'il est organisé par les statuts des sociétés mutuelles de capitalisation et notamment des sociétés qui étaient parties au procès.

Il résulte nettement de ces statuts, que les remboursements par tirage au sort sont opérés *au moyen des bénéfices* restant libres chaque année après extinction de toutes les charges, c'est-à-dire après paiement des frais généraux et *après constitution des réserves mathématiques*. En conséquence, à défaut de bénéfices, et dans le cas où les réserves mathématiques ne seraient pas intactes et complètes, aucun remboursement anticipé par tirage au sort ne peut être effectué. On se demande, dès lors, comment le Tribunal a pu déclarer que seuls les souscripteurs dont les polices seraient remboursées par la voie du tirage au sort retireraient profit de l'opération et que les autres ne seraient probablement jamais payés, puisque les tirages au sort étaient précisément subordonnés et proportionnés à la prospérité de la société.

En résumé, nous croyons qu'il ne faut pas, malgré les termes dans lesquels ils sont conçus, ériger en décisions de principe les jugements qui viennent d'être rendus par le Tribunal civil de Lyon, encore bien que ces jugements aient été confirmés par la Cour d'appel au regard de deux des sociétés contre lesquelles étaient dirigés les procès en nullité. Ces deux sociétés se trouvaient dans une situation financière qui justifiait la mesure prise à leur égard, l'une d'elles étant tombée en déconfiture antérieurement au procès en nullité, et la deuxième, ainsi que le constate le Tribunal, n'étant sous un autre nom que le masque de la première. Mais, en admettant qu'il y eût de bonnes raisons pour mettre fin à ces deux entreprises, on peut regretter que les tribunaux aient appuyé leur décision sur des considérations qui lui donnent l'apparence d'une décision de principe et dont il ne pourrait être fait l'application sans grave abus à des sociétés prospères et honnêtement gérées.

Les sociétés de capitalisation méritent, suivant nous, d'être protégées et encouragées, car elles favorisent la petite épargne et la rendent productive. Nous croyons cependant que d'importantes améliorations pourraient être apportées à leur fonctionnement. A côté des opérations à long terme, qui, il faut bien le reconnaître, ont pour principal attrait le tirage au sort, il y a place pour d'autres combinaisons dont le résultat moins éloigné serait nécessairement plus modeste, mais dont le souscripteur recueillerait personnellement le bénéfice. Enfin, ces sociétés pourraient ouvrir à leurs adhérents la faculté de se faire rembourser leurs contrats avant l'échéance finale, et suivant un tarif progressif, sauf à réglementer cette faculté de manière à ce que les remboursements anticipés n'obligent pas la société à des réalisations hâtives et onéreuses.

Dans ces conditions, les opérations de capitalisations seraient intéressantes par elles-mêmes, indépendamment de l'attrait du tirage au sort; et si la Cour de cassation, modifiant la règle qu'elle a formulée dans son arrêt du 14 janvier 1876, venait à décider que ces tirages tombent sous l'application de la loi de 1836, le fonctionnement de ces sociétés ne s'en trouverait pas autrement atteint.

Imp. Camis et Cⁱᵉ. Paris. — Section orientale A. Burdin, Angers.

RECUEIL PÉRIODIQUE DES ASSURANCES

Fondé en 1883

REVUE MENSUELLE

DOCTRINE, JURISPRUDENCE, LÉGISLATION

des Assuranves sur la Vie, contre l'Incendie et les Accidents.

FONDÉE ET DIRIGÉE PAR

G. SAINCTELETTE

Avocat

PRINCIPAUX COLLABORATEURS : MM.

BAILLY (P.), avocat, chef du contentieux des Cies Le Monde-Incendie et Vie ;

BOUISSOU, conseiller à la Cour de Riom.

CARPENTIER (A.), agrégé des Facultés de droit, avocat à la Cour de Paris.

CHAILLOUS, ancien magistrat, chef du contentieux de la Cie La Providence-Incendie ;

CRESSON, avocat à la Cour de Paris ;

DEPEIGES, substitut à la Cour de Riom ;

DROUAULT, avocat, chef du contentieux de la Cie La Nationale-Incendie ;

FARCE (J.) avocat, chef du contentieux de la Cie l'Union-Incendie ;

FOUCAULT (Albert) avocat à la Cour de Paris ;

GÉRARDIN, ancien avoué de 1re instance ;

GONDINET, Avocat à la Cour de Paris ;

LEFORT (J.) avocat au Conseil d'État et à la Cour de Cassation, lauréat de l'Institut ;

L'EVESQUE (Jules), avocat à la Cour de Paris ;

MAIGNIEN (Raymond), avocat à la Cour de Paris ;

MALLET, avocat, sous-directeur de la Cie Le Nord-Incendie ;

PLESSIS (du), docteur en droit, chef du contentieux de la Cie Le Phénix-Incendie ;

RUBEN DE COUDER, conseiller à la Cour de Cassation.

SALLANTIN (G.), ancien magistrat, chef du contentieux de la Cie La Nationale-Vie.

WARENGHIEN (A. de), avocat à a Cour de Douai.

RÉDACTEUR EN CHEF

Georges BLANCHARD

Docteur en droit, ancien Magistrat

CONDITIONS DE L'ABONNEMENT

France. ⎫
Algérie. ⎬ . . . . 15 fr.
Belgique ⎭
Union postale . . . . 18 fr.
Autres pays . . . . 20 fr.

ON S'ABONNE A PARIS
AUX BUREAUX DU RECUEIL
8, place de la Bourse

imp. Camis et Cie, Paris. — Section orientale A. Burdin, Angers.

www.ingramcontent.com/pod-product-compliance
Lightning Source LLC
LaVergne TN
LVHW050250030726
842520LV00006B/2276